BRUNO MUSCAT • PHILIPPE STERNIS

Princesse Zélina

Les Vikings attaquent !

BAYARD POCHE

Royaume de
Montagnes Noires
Landes d'Ohr
Kertala
Royaume de Loftburg
Sévrougo
Schnitzel
Lac d'Émeraude

Noordévie
N
O
E
S
Baghora
Le château royal
Forêt de Tildar
Obéron
Ile d'Ysambre
Port-Duchesse

Prologue

Pauvre princesse Zélina ! Elle est amoureuse du prince Malik de Loftburg, le fils de l'ennemi juré de son père, le roi Igor de Noordévie… Qu'adviendra-t-il de cet amour s'il vient à se savoir ? De plus, Zélina a affronté une série de catastrophes qui ont failli lui coûter la vie... Ce qu'elle ne sait pas, c'est que c'est Mandragone, sa propre sa belle-mère, qui a

comploté pour la mettre en danger. Son but ? Dégager le chemin du trône pour Marcel, son fils unique ! La candide princesse parviendra-t-elle indéfiniment à échapper aux agissements de sa diabolique marâtre ? Rien n'est moins sûr…

Jour de fête au château

Une douce euphorie régnait sur Obéron. Les dernières brumes de l'hiver dissipées, le retour des beaux jours distillait sur la ville un parfum de bonheur retrouvé…

Au château, l'ambiance était à la fête. Nobles et bourgeois avaient revêtu leurs plus beaux atours pour répondre à l'invitation du roi Igor à célébrer avec lui l'arrivée du printemps. Vêtue d'une somptueuse robe de soie couleur bouton d'or, Zélina accueillait les hôtes de son père sur la pelouse du jardin, où trônait une grande tente d'un blanc immaculé.

La petite princesse rayonnait :

– Cher duc de Baghora, merci d'être venu d'aussi loin pour notre modeste réception !

– Altesse, je ne l'aurais manquée pour rien au monde…

Les trompettes résonnèrent, annonçant une nouvelle invitée. Zélina s'inclina respectueusement devant une jeune femme à la tenue extravagante :

– Vicomtesse de Roumesco, vous êtes é-tin-ce-lante…

La vicomtesse minauda en se tortillant :

– Vous trouvez ? Ce n'est qu'une petite chose toute simple, que mon mari m'a rapportée de son dernier voyage à Londerys.

Ambre, demoiselle de compagnie et amie de Zélina, qui se tenait derrière elle, réprima un fou rire. À cet instant, on annonça Malik Leaubourg… Zélina se retint de sauter au cou de son amoureux, son cœur battant la chamade :

– Monsieur Leaubourg, que je suis heureuse de vous voir ! Je vois que vous êtes venu avec votre luth…

– Mademoiselle, souvenez-vous, je vous avais promis un petit concert champêtre dès que le printemps pointerait le bout de son nez !

Sur ce, Malik s'inclina pour lui faire un baisemain. Alors qu'il se relevait, Zélina lui glissa discrètement à l'oreille :

– Comment aurais-je pu l'oublier, mon amour ?

Il me tarde tellement de vous écouter me chanter une sérénade…

Comme à son habitude en pareilles circonstances, la reine Mandragone ronchonnait dans son coin... Posté à son côté, le démon Belzékor, son inquiétant conseiller, écoutait ses jérémiades d'une oreille distraite, tout occupé à saliver en détaillant les promesses du buffet.

– Les simagrées de cette mijaurée m'écœurent, mon cher Belzékor !

La reine se pencha vers l'immonde créature :

– Il est grand temps que vous y mettiez fin…

– Slllrps…Mmmoui…, bafouilla le gnome, pris de court, en essuyant d'un coup de langue fébrile une miette de pâté égarée sur sa lèvre.

Mandragone le fusilla du regard :

– Et, de grâce, cessez de vous empiffrer ainsi ! Vous êtes indécent !

Après le discours du roi Igor, tous les invités se dirigèrent dans un grand froissement de tissus précieux vers la tente où les attendaient les délices concoctées par Gâte-Sauce, le maître queux du château.

Les desserts servis, toutes les dames prirent place sous le grand chêne pour écouter le concert de Malik. Mais, au moment où le jeune musicien finissait d'accorder son instrument sous les yeux enamourés de la princesse Zélina, un cri terrible retentit depuis la plus haute tour du château :

– Voiles à l'horizon !

Alerte ! Alerte !

Le guetteur cria de nouveau d'une voix terrifiée :

– Voiles à l'horizon ! Il y en a des dizaines.

Toutes affaires cessantes, Igor et ses invités se précipitèrent en haut des remparts. Une véritable armada couvrait le lac d'Émeraude, surmontée de nuages menaçants.

– Eh bien ! Ces visiteurs ne nous amènent pas le beau temps ! s'exclama naïvement le prince Marcel, le fils de Mandragone.

Mais, autour de lui, les mines étaient inquiètes. Le maréchal de Kérambole, le ministre de la Guerre, sortit une longue-vue de sa manche et colla son œil contre l'oculaire.

– Sire, je crains que ce ne soient des drakkars, souffla-t-il, blanc comme un linge... Et, au vu de leur nombre, cela ne peut être que la flotte d'Harald le Rouge !

Harald le Rouge ! Le terrible roi des Vikings ! Ce sinistre nom claqua comme un coup de tonnerre au-dessus de l'assistance. Certains suffoquèrent, d'autres s'évanouirent... Gardant son calme, le roi Igor ne tergiversa pas :

– Maréchal, faites donner l'alerte ! Que tous les habitants d'Obéron viennent se réfugier au château !

Le cor retentit sur la plaine. Un instant frappée de stupeur, la ville ne traîna pas à se mettre en mouvement. Chacun tenta de sauver ce qu'il pouvait – or, bijoux, outils, coupons de tissu, couvertures, volailles, sacs de blé, bétail – et rejoignit la longue procession d'hommes, de bêtes et de charrettes qui montait vers le fort. Par une certaine ironie du destin, Zélina se retrouva affectée à l'accueil des réfugiés, à l'endroit même où, il y a quelques heures encore, elle saluait les invités de son père… La pauvre princesse n'avait même pas eu le temps de se changer ! Elle ne savait plus où donner de la tête ! Heureusement, Malik était là, et l'aidait à répartir le flot des habitants qui arrivaient dans la cour.

– Ne poussez pas, là derrière ! Messieurs les tisserands, si vous le voulez bien, nous allons utiliser vos étoffes pour dresser des tentes dans le jardin…

– Je m'en charge, Altesse ! proposa Malik.

– Merci beaucoup, mon… mon… monsieur ! Gâte-Sauce ! Où pouvons-nous entreposer les vivres ? Il va falloir aussi tout recenser…

Au même instant, alors que Zélina s'épongeait le front, le roi avait réuni son état-major au grand complet dans son bureau.

– Postez les archers sur les remparts ! ordonna-t-il. Demandez aux forgerons de fabriquer des pointes de flèches et aux charpentiers de dresser des palissades pour renforcer nos défenses… Le temps presse !

– C'est comme s'ils étaient déjà tous à l'ouvrage, annonça Monsieur Juvénal, le Grand Chambellan du royaume.

– Nous avons combien de temps, maréchal de

Kérambole ? s'enquit Igor.

– Six heures, Majesté… Sept tout au plus… Les Vikings seront là avant la nuit.

De son côté, Marcel, engoncé dans son bel uniforme d'apparat de lieutenant des Gardes du roi, rêvait d'en découdre… La reine Mandragone se dépêcha de modérer son ardeur :

– Calme-toi, mon fils, ne t'expose pas trop ! J'ai d'autres projets pour toi, et je ne voudrais pas que tu reçoives une flèche perdue !

Marcel trépignait, tout excité par la bataille qui s'annonçait :

– Mais, maman chérie, nous sommes en guerre !

– Il n'y a pas de « mais » ! Tu obéis à ta mère, un point c'est tout !

Furieux et déçu, Marcel alla bouder dans sa chambre.

Comment aurait-il pu comprendre que Mandragone comptait bien profiter de ces événements tragiques pour faire avancer ses perfides desseins ? Si cet idiot d'Igor et son haïssable fille tombaient au champ d'honneur, voilà qui dégagerait définitivement le chemin du trône pour son petit Marcel ! Pour cela, toutefois, ce benêt devait savoir rester à sa place... Trottinant dans les couloirs, la reine partit en chasse de son conseiller préféré :

– Belzékor, Belzékor... Où êtes-vous ? Je crois que vous allez avoir l'occasion de vous rendre utile, mon cher petit démon...

Drame sur les remparts

Les premiers drakkars à tête de dragon accostèrent au crépuscule, et les féroces guerriers d'Harald n'eurent aucun mal à se rendre maîtres d'Obéron désertée. La cité fut prise sans qu'une goutte de sang fût versée. Ainsi l'avait souhaité le roi Igor, qui savait le corps à corps dans les rues de la ville perdu d'avance …

Dans le petit matin blême, les assaillants, rendus fous par le fait qu'ils n'avaient rien trouvé à piller, encerclèrent le château en mugissant. Perché sur une pierre, un colosse à la longue barbe rousse haranguait les troupes vikings, qui vociféraient de plus belle en retour.

– Ce doit être Harald, souffla le maréchal de Kérambole à Igor, posté en haut des remparts.

La princesse Zélina frissonna : on disait la barbarie de cet homme sans limites. Derrière elle, Belzékor fit discrètement reculer Marcel et Mandragone de quelques pas, comme si le démon avait été saisi par un quelconque mauvais pressentiment. Soudain, le colosse se retourna vers la muraille, fit un geste brusque de la main et la multitude des guerriers se tut. Le silence fut

impressionnant. Harald leva la tête vers Igor et lui lança, d'un ton plein de défi :

– Roi de Noordévie, donnez-nous toutes vos richesses, votre or et vos bijoux, rajoutez-y les plus jolies filles du royaume comme esclaves, et nous vous épargnerons, vous et votre ville… Sinon, la fureur d'Odin s'abattra sur vous !

– Jamais ! répondit Igor d'un ton tout aussi ferme que celui du Viking.

– Alors, je serai sans pitié !

D'effrayantes vociférations agitèrent la foule. Harald se drapa dans sa longue cape. Ses lèvres esquissèrent un sourire cruel :

– Mais je suis magnanime : je vous laisse trois jours pour réfléchir…

Et il partit d'un éclat de rire tonitruant. Zélina, qui se tenait à côté du roi, ironisa :

– Quelle grandeur d'âme…

Igor lui posa la main sur l'épaule :

– Vous devriez aller vous mettre à l'abri, Mandragone, toi et Marcel. Et puis, ma chérie, ne t'inquiète pas. Nous avons les moyens de résister pendant des semaines. D'ici là, ils se décourageront sûrement…

À peine le roi avait-il prononcé ces paroles rassurantes que le sol se déroba sous ses pieds et ceux de sa fille. Par l'un de ses discrets mais terribles maléfices, Belzékor venait de réussir à faire s'effondrer tout le pan de muraille sur lequel ils se tenaient. Igor glissa dans le vide et plongea comme

une pierre dans les douves du château.

– Ahhhhhh….

– Non ! hurla Zélina qui, grâce à un incroyable réflexe, parvint à s'agripper à la longue cape de Marcel.

– Gloups ! geignit celui-ci, à moitié étranglé.

Les doigts de la princesse suspendue dans le vide se crispèrent sur l'étoffe précieuse. En jetant un œil en bas, elle aperçut le roi qui se débattait dans les eaux troubles. Entraîné par la jeune fille, Marcel tomba à genoux.

– Détache ta cape, imbécile, ou tu vas tomber avec elle ! siffla Mandragone à son fils.

Heureusement, la main de Marcel, tout rouge et les yeux exorbités, ne trouva pas la boucle de sa cape, et Zélina réussit à se hisser jusqu'au chemin de ronde. Les membres du grand conseil l'entourèrent aussitôt.

– Mon père ! s'exclama-t-elle en regardant les douves, où de solides bras s'emparaient sans ménagement du roi.

Harald brandit son épée, triomphant :

– Voilà qui devrait vous aider à réfléchir !

Les archers d'Igor bandèrent leurs arcs, prêts à transpercer les Vikings qui emmenaient avec eux leur souverain, mais la princesse les arrêta, affolée :

– Non ! Vous risqueriez de le blesser !

Mandragone touche au but

Igor et ses ravisseurs disparurent rapidement dans les faubourgs d'Obéron, laissant les résistants désemparés. Les réfugiés du château, consternés, accoururent au pied du rempart fatal.

– Quelle catastrophe..., bredouilla le maréchal de Kérambole.

– Sans notre chef, nous sommes perdus ! gémit Monsieur Juvénal, anéanti par ce nouveau coup du sort.

De grosses larmes coulèrent sur les belles joues

de Zélina. Qu'allait-elle devenir sans ce père adoré qui l'avait toujours protégée ? Avec ce maudit pan de mur, c'étaient tous ses espoirs et ceux de son peuple qui venaient de s'effondrer. Bientôt, la Noordévie ne serait peut-être plus qu'un souvenir de l'histoire…

Faisant mine de participer à l'accablement général, Mandragone savoura longuement son triomphe. Que d'efforts il lui avait fallu déployer pour en arriver là ! Au bout de quelques minutes, la reine décida que le moment était enfin venu pour elle de rompre le silence et de refermer définitivement son piège sur Zélina :

– Quelle tragédie, soupira-t-elle avant d'ajouter, en jetant un regard appuyé vers son fils, heureusement que cet éboulement ne nous a pas tous engloutis !

– Euh… oui, mère ! Nous, nous sommes encore là, bafouilla le prince.

– Nous saurons relever la tête dans ces

moments tragiques et prendre la relève, n'est-ce pas, mon cher fils ?

Le prétentieux Marcel bomba le torse et empoigna son épée, prêt à la dégainer :

– C'est ça ! Nous allons montrer à ces espèces de sauvages de quel bois nous nous chauffons !

La pauvre Zélina sécha ses larmes avec le revers de sa manche :

– Vous avez raison, Marcel ! Ressaisissons-nous, c'est ce que mon père attend de nous. Nous devons rester tous unis pour sauver notre chère Noordévie !

L'assistance reprit ses paroles en chœur :

– TOUS UNIS POUR LA NOORDÉVIE !

– Cependant, il nous faut quelqu'un pour nous diriger, pour nous guider, suggéra mielleusement Mandragone en poussant son fils en avant. Quelqu'un de fort pour incarner notre royaume…

Mais, alors que la reine voyait tous ses complots aboutir enfin, une clameur monta dans la foule :

– ZÉLINA !... ZÉLINA !...

La petite princesse, les joues en feu et ne sachant que répondre, eut un mouvement de panique. Elle se retourna, implorante, vers le Grand

Chambellan, alors que les cris redoublaient :

– ZÉLINA !... ZÉLINA !...

Mandragone se décomposa : rien ne se passait comme elle l'avait prévu ! Monsieur Juvénal serra respectueusement la main de la timide princesse :

– Altesse… En ces circonstances tragiques, acceptez-vous de devenir notre souveraine ?

Zélina, prise de court, lâcha en baissant les yeux :

– Mais, votre Honneur… je… je ne sais pas si j'en suis capable…

Le Grand Chambellan la rassura :

– Vous nous avez prouvé votre courage à maintes reprises ! Alors, acceptez-vous ?

Tout émue, la jeune fille acquiesça.

– D'accord, mais seulement par intérim, précisa-t-elle bien. Notre véritable roi est mon père Igor, et je n'aurai de cesse de le délivrer !

– GLOIRE À ZÉLINA ! GLOIRE À ZÉLINA ! cria le peuple d'Obéron.

Faux espoirs et vrais tourments

Avec la tombée de la nuit, Obéron était redevenue étrangement calme. Comme pour gâcher définitivement l'arrivée du printemps, la température avait baissé, et des nuages noirs menaçaient maintenant la capitale occupée. Au loin, le camp des Vikings résonnait de rires, de chants et de jurons. On s'y préparait certainement à festoyer pour célébrer la victoire…

Dans le château, il régnait tout au contraire une ambiance plus que pesante. Pour soutenir le moral des réfugiés et encourager les hommes de troupes, la jeune souveraine de Noordévie avait décidé de faire le tour du campement de fortune en compagnie des membres du Grand Conseil. À chacun, elle répétait les mêmes paroles d'espoir :

– Ne vous en faites pas, nous sommes à l'abri, et nous avons des vivres pour des semaines…

– Et s'ils ne veulent pas partir ?

– Eh bien, nous les chasserons ! répondait Zélina d'un air confiant.

Mais la princesse avait le cœur gros, même si elle s'efforçait de ne rien en laisser paraître. Où se trouvait son père ? Comment ses terribles geôliers le traitaient-ils ? Peut-être était-il blessé ? Zélina serra les poings et se tourna vers le maréchal de Kérambole :

– Maréchal, de combien de soldats disposons-nous ?

– Eh bien… Toute la garnison d'Obéron, soit environ trois cent cinquante fantassins et archers, auxquels il faut ajouter une poignée de chevaliers

et leurs montures.

Elle se risqua finalement à poser la question qui lui brûlait les lèvres :

– Est-ce assez pour tenter une sortie et délivrer mon père ?

– Je crains, Votre Altesse, que ce soit à peine suffisant pour défendre le château en nous battant tous comme des lions…

La frêle princesse eut un instant d'accablement, qu'elle essaya de vite dissimuler. Elle devait donner l'exemple, même si cela lui en coûtait. D'une voix qu'elle voulut la plus assurée possible, elle lança à son escorte :

– Allons nous restaurer et dormir… Nous tâcherons d'y voir plus clair demain !

Pendant le repas, personne n'osa prononcer un mot devant la mine soucieuse de Zélina. Autour de la grande table, l'ambiance était grave. Seul Belzékor mangeait d'un bon appétit, malgré les coups d'œil excédés de Mandragone… Alors qu'il s'apprêtait à reprendre pour la quatrième fois du faisan, le démon sentit enfin peser sur ses épaules dodues toute la réprobation de sa maîtresse. Il préféra reposer prudemment le beau pilon qu'il tenait entre ses doigts. Depuis son cuisant échec de l'après-midi, la reine n'avait pas desserré les lèvres. Le nabot sentait confusément qu'elle lui en

voulait. Il trouva cela très injuste, mais se dit que, s'il voulait avoir la paix, il allait devoir racheter son fiasco sans tarder. Le seul problème, c'était de trouver comment…

Ce fut Zélina elle-même qui lui en donna l'occasion. Au dessert, la princesse demanda qu'on prépare un grand feu dans la cheminée de sa chambre.

– C'est étrange… Depuis que les hordes barbares venues du nord ont déferlé sur notre ville, les nuits se sont singulièrement rafraîchies…, murmura-t-elle, un peu lasse, comme pour elle-même.

À ces paroles, la petite oreille pointue du démon se dressa. Mais cela pouvait se révéler très dangereux, un grand feu de cheminée ! Belzékor esquissa un sourire diabolique, attrapa son pilon de faisan et mordit à pleines dents.

Un plan fumeux !

La jeune souveraine souhaita une bonne nuit à tout le monde et se retira à l'étage, suivie d'Ambre. Découvrant les deux soldats lourdement armés qui montaient la garde devant sa porte à la demande du maréchal de Kérambole, Zélina s'exclama avec irritation :

– Que peut-il m'arriver à l'abri des murs de ce château ? Harald ne va pas venir m'enlever dans mon lit, quand même !

Sa demoiselle de compagnie entreprit de

la calmer :

– Mademoiselle, vous êtes maintenant notre souveraine ! Sans vous, Dieu seul sait ce que nous deviendrions…

– Sans moi ? Mais je ne vois vraiment pas comment faire pour délivrer mon père, et nous tirer tous de là vivants… Tu parles d'une souveraine !

– Chut… Après cette journée éprouvante, tout ce dont vous avez besoin, c'est une bonne nuit de sommeil. Demain, vous aurez les idées plus claires.

– Hum…Tu as raison, ma chère Ambre.

La petite princesse embrassa son amie, salua les gardes et s'enferma dans ses appartements. Elle traversa d'un pas las son boudoir et enfila sa chemise de nuit à la lueur de la grande flambée. Puis elle referma la porte de sa chambre avant de se glisser sous ses draps.

« Ils en ont de bonne, songea-t-elle. Comment être forte alors que j'ai si peur ? »

Bercée par les craquements bienfaisants du feu et terrassée par la fatigue accumulée pendant cette terrible journée, Zélina ne tarda pas à s'endormir d'un sommeil agité.

Au même instant, Belzékor essayait de s'extraire avec difficulté d'un petit vasistas ouvert sur le toit du château.

– Hiiiiiiiiii… Hiiiiiiii…

Il y eut un petit « plop ! », comme celui d'une bouteille que l'on débouche, et le démon roula enfin sur les ardoises.

– Je n'aurais jamais dû reprendre de faisan…, maugréa-t-il en s'époussetant.

Belzékor se dirigea d'un pas décidé vers les cheminées. Il se pencha pour humer leurs fumées… et ne fut pas long à trouver le conduit qu'il cherchait :

– Mmm… Jacinthe et miel… C'est cette cheminée-là, sans aucun doute !

Le démon sortit une petite bourse de cuir de sa poche et, avec un rictus mauvais, vida son contenu, une fine poudre écarlate, dans le tuyau de terre cuite .

– *Esprit de la rouille, glisse-toi dans cette chambre coquette*

Et grippe à mort toutes ses serrures, loquets et gâchettes !

Puis, en serrant les dents, le sinistre nabot s'assit sur le conduit afin de le boucher hermétiquement.

Une fumée mortelle commença à envahir la chambre de Zélina. Prise d'une terrible quinte de toux, la pauvre princesse se réveilla… Elle était en train d'étouffer !

– Kof… kof… kof… Qu'est-ce qui se passe ?

À tâtons, elle se leva et chercha la porte de sa chambre. Horreur ! Elle eut beau secouer la poignée dans tous les sens, celle-ci refusait de s'ouvrir !

– Oh, non…

À quatre pattes, suffocante, elle rampa alors vers la fenêtre. L'âcreté de la fumée l'empêchait de crier. Elle parvint à poser la main sur le loquet de la croisée,

mais celui-ci ne voulut pas plus tourner que celui de la porte.

– Kof, kof… Mais c'est de la sorcellerie ! hoqueta-t-elle.

Désespérée, elle avisa son grand fauteuil et, rassemblant ses dernières forces, le souleva et le jeta dans la vitre, qui vola en éclats. Un souffle frais pénétra alors dans la pièce et en chassa bientôt la fumée.

– Ouf… Je l'ai échappé belle !

La princesse s'agenouilla, exténuée, et tenta tant bien que mal de récupérer son souffle.

– Dès la nuit prochaine, je dormirai dans une tente au milieu de mon peuple ! Là, au moins, je ne risquerai rien.

Le bruit de verre cassé avait interrompu le sortilège, et les gardes firent irruption dans la chambre :

– Votre Altesse, vous n'avez rien ?

– Non, ça va…, articula Zélina en respirant à fond. Mais je ne comprends pas pourquoi cette damnée porte ne voulait pas s'ouvrir !

– Peut-être l'aviez-vous machinalement fermée à clé avant de vous coucher, sans y prêter attention ? hasarda le garde.

– Cela m'étonnerait : cette porte n'a jamais eu de serrure !

Le drapeau blanc flotte sur le château

Le lendemain, sitôt levée, Zélina décida d'appeler Malik à ses côtés.

– Chers amis, vous ne connaissez sans doute pas tous monsieur Leaubourg, déclara-t-elle à ses ministres, mais je puis vous assurer qu'il nous a sortis par le passé, et à de multiples reprises, de situations pour le moins inconfortables…

Personne n'y trouva à redire, sauf Mandragone, qui s'étonna :

– Nous ?

– Oui, nous ! trancha fermement la jeune fille. Et, si mon père était là, il serait le premier à vous le confirmer !

À la vue du sourire de son bel étudiant, Zélina sentit le fardeau de ses soucis s'alléger un peu. Elle esquissa en retour un léger sourire complice. Mais, devant les conseillers de la Couronne, devant Mandragone, devant Marcel, la princesse amoureuse devait garder ses distances :

– Monsieur Leaubourg, acceptez-vous de vous joindre à notre Conseil ?

– Ce sera pour moi un très grand honneur, Votre Altesse !

La princesse fit un immense effort pour contenir son trouble. Heureusement que la noble assemblée ignorait tout de la véritable identité de Malik… Sinon, ses membres ordonneraient sans aucun doute de les jeter l'un et l'autre au fond d'un cachot pour haute trahison ! Comment leur en vouloir ? Que connaissaient-ils à l'amour ?

Cependant Zélina était prête à courir tous les risques : Malik avait toujours été un allié précieux et plein de ressources !

Elle respira un grand coup :

– Bien. Asseyons-nous autour de la carte d'Obéron et examinons la situation…

Le maréchal de Kérambole saisit une baguette :

– Le colmatage de la brèche causée par l'effondrement de la muraille sud est maintenant achevé, et nous n'avons plus rien à craindre de ce côté-là… Les Vikings ont établi leur camp à l'est de la ville,

et tout porte à croire que c'est là que notre bon roi est détenu.

– Difficile de les attaquer de front pour le délivrer… Par où pourrions-nous passer ? demanda Monsieur Juvénal.

Le maréchal eut un geste d'impuissance :

– Les Vikings sont partout… Là… là… et là encore. De toute façon, nous n'avons pas assez d'hommes pour tenter une telle opération.

– Mais assez de femmes pour donner satisfaction aux exigences de nos assaillants ! suggéra lâchement Marcel.

Zélina se contenta de hausser les épaules. Les membres du conseil firent comme s'ils n'avaient rien entendu. Mandragone, outrée non par les propos de son fils, mais par son manque de subtilité, lui envoya un grand coup de pied dans le tibia :

– Voyons, Marcel, arrête de dire des bêtises…

Malik leva timidement le doigt.

– Jeune homme, auriez-vous quelque chose à suggérer ? lança Monsieur Juvénal en haussant le sourcil.

– J'écoutais ce que disait Son Altesse le prince Marcel. Et cela m'a donné une idée…

Lorsque Malik exposa son plan, un plan très audacieux, il ne provoqua tout d'abord que des haussements d'épaules exaspérés. Sauf de la part de Zélina…

– Je suis désolée de vous le dire, mais le plan de monsieur Leaubourg a le mérite d'exister ! Et, en l'absence d'alternative, je prie le Conseil de bien vouloir l'écouter jusqu'au bout et sans a priori…

Et ce fut ainsi que, le soir venu, le Grand Conseil monta en délégation sur les remparts avec un drapeau blanc.

– Nous désirons parler à Harald le Rouge ! déclara Zélina aux sentinelles postées au pied de la muraille.

Le terrible chef viking ne se fit pas attendre. Il grimpa sur son rocher et brava fièrement l'héritière de Noordévie.

– HARALD ! HARALD ! HARALD ! crièrent les Vikings.

– J'espère, jeune inconsciente, que vous ne m'avez pas dérangé pour rien ! lança Harald, avec défi.

– Je suis Zélina, princesse de Noordévie, fille du roi Igor.

Une intense satisfaction se lut dans les pupilles d'Harald.

– Après délibération de notre Grand Conseil, nous avons décidé d'accepter vos conditions, annonça la princesse d'une voix ferme.

– Ha, ha, ha… De toute façon, vous n'aviez pas le choix ! Sans ça, nous vous étripions jusqu'au dernier !

– Je vous demande seulement trois jours pour réunir tout le trésor et les jeunes filles… Et, évidemment, nous ne nous rendrons qu'à vous seul !

Harald caressa son épée et éclata d'un rire tonitruant :

– Accordé ! Mais j'insiste pour que vous soyez au milieu d'elles !

Zélina se redressa, comme pour toiser l'impudent Viking :

– Cela va sans

dire… Une princesse digne de ce nom n'abandonne jamais les siens dans l'épreuve !

Lorsqu'elle redescendit du rempart, Zélina tremblait comme une feuille. Malik se précipita pour la féliciter :

– Votre Altesse, vous avez été fantastique !

– Vous croyez, Malik ? murmura doucement la princesse.

– Parfaitement… Maintenant, au travail ! Il faut nous entraîner : nous n'avons pas le droit de rater notre coup…

Le rendez-vous de Zélina

À l'aube du troisième jour, le chef des guerriers du Nord était au rendez-vous fixé par la princesse Zélina. Entouré de ses plus fidèles compagnons, il s'approcha lentement dans la brume du petit matin au rythme sourd du choc des épées sur les boucliers. Le petit groupe s'arrêta à quelques pas du pont-levis, qui venait d'être baissé, et Harald s'installa au sommet de son rocher favori.

– J'attends ! cria-t-il, plein de suffisance.

Les portes du château s'ouvrirent, laissant passer quinze jeunes filles vêtues de longues capes fermées. Telles des pénitentes, les infortunées esclaves s'avancèrent sans un mot vers le farouche roi viking. Tenant dignement sa place, Zélina marchait à leur tête, sans lever les yeux vers son nouveau maître. Celui-ci rit grassement :

– Ha, ha, ha... Que j'aime les jeunes filles humbles et soumises !

D'énormes coffres suivirent, portés par des hommes de peine qui ployaient sous le poids des richesses accumulées par les souverains de Noordévie au fil des siècles. Les caisses furent disposées en un cercle parfait autour du rocher d'Harald, puis les serviteurs se retirèrent et les portes du château se refermèrent lentement dans un grincement sinistre...

L'homme sauta à terre et s'approcha des malheureuses jeunes filles.

– Ha, ha, ha... Il y en aura une pour chacun

d'entre vous, mes amis ! Moi, je me réserve celle-ci ! rugit-il en saisissant brusquement le menton de Zélina pour la forcer à le regarder en face.

Puis il se retourna vers les siens :

– Viens, Sigrud le Ténébreux, rejoins-moi, mon fils préféré, et choisis celle qui aura l'honneur de t'appartenir…

Après avoir rengainé son épée, Sigrud se précipita vers son père. Un éclair de haine traversa les yeux émeraude de la princesse. Harald fronça les sourcils :

– Dis donc, ma jolie, il faudra que tu apprennes à te soumettre à ma loi !

– JAMAIS ! hurla Zélina, et une lame effilée fusa de sous sa cape pour se porter sur la gorge du Viking.

C'était le signal qu'attendaient les autres jeunes filles pour sortir à leur tour leurs armes, alors qu'une escouade menée par Malik jaillissait des coffres. Instantanément, le commando encercla Harald et Sigrud, dirigeant vers eux les pointes acérées de leurs épées.

– Que personne ne bouge ! cria Malik à l'escorte des deux otages. Sinon, nous les saignons à mort…

Un grondement sauvage secoua le groupe de guerriers hirsutes ; mais aucun n'osa esquisser le moindre mouvement. Bientôt, les deux hommes furent désarmés. De grosses perles de sueur glissaient le long des tempes de Zélina. Néanmoins, lorsque Harald tenta un geste pour se dégager, la courageuse princesse garda son sang-froid et pressa un peu plus la lame de son poignard sur la pomme d'Adam du roi :

– À votre place, si je tenais à garder ma tête sur les épaules, je ne bougerais pas ...

Les portes du château s'entrouvrirent de nouveau sur les téméraires jeunes gens, qui ne tardèrent pas à battre en retraite à l'abri des hautes murailles. Sitôt celles-ci franchies et le pont relevé, les prisonniers furent ficelés comme des saucissons et mis au secret dans les caves du palais.

– Ouf ! s'exclama Zélina en tombant, toute tremblante, dans les bras de Malik sans plus penser aux convenances. Je n'aurais jamais cru que nous réussirions…

– À vrai dire, moi non plus, avoua, soulagé, son intrépide bien-aimé.

Un marché qui ne se refuse pas

À midi, le soleil brillait de nouveau sur Obéron… Zélina escalada quatre à quatre les escaliers qui menaient en haut des remparts. L'espoir avait changé de camp, et c'était une princesse décidée qui rejoignit Malik et le Grand Conseil sur le chemin de ronde. Monsieur de Kérambole se pencha dans l'embrasure d'un créneau et agita son drapeau blanc.

– Holà, en bas… Il y a quelqu'un ?

Les lieutenants d'Harald surgirent de derrière

les rochers, le visage sombre. La petite princesse inspira un grand coup et se composa une mine impassible. Malik approuva de la tête en silence et elle grimpa prestement sur le muret, au mépris des archers ennemis :

– Je suis la princesse Zélina, et j'ai un marché à vous proposer…

L'état-major viking tendit l'oreille alors que la jeune fille reprenait son souffle. Elle allait devoir jouer serré :

– Vous êtes des hommes d'honneur, et je suis certaine que vous avez à cœur de délivrer votre valeureux roi et son fils…

Un grognement monta du pied des remparts.

– Vous détenez mon père, poursuivit Zélina. Il est vieux et, convenez-en, il fera un bien piètre combattant ou un esclave sans valeur… Mais c'est mon père, et ce lien est pour moi sacré !

N'en faisait-elle pas un peu trop ? En tout cas, son discours sembla toucher un point sensible. Les rudes gaillards cessèrent de maugréer. La princesse continua de plus belle :

– C'est pour cela que je vous propose de l'échanger contre le seigneur Harald et son hardi fils Sigrud.

Elle sentit le battement du sang contre ses tempes s'accélérer. Pourtant, sa voix ne trembla pas :

– Si ma proposition vous convient, amenez mon père devant le pont-levis au crépuscule. Nous procéderons alors à l'échange… J'ai parlé !

La princesse pinça ses lèvres avec assurance et redescendit sans se presser du merlon* sur lequel elle était juchée. À peine avait-elle posé le pied sur le chemin de ronde qu'elle jeta un regard fiévreux à Malik.

– Vous les avez impressionnés, Altesse, se dépêcha-t-il de la rassurer. Nous n'avons plus qu'à attendre ce soir !

* Le merlon : partie pleine entre deux créneaux dans le mur d'un château fort.

Les heures furent longues jusqu'au coucher du soleil… Au moment où l'astre du jour commençait à rougeoyer sur l'horizon, une troupe de guerriers hirsutes, lourdement armés, se présenta devant le pont-levis, qui avait été baissé pour l'occasion. Le plus menaçant d'entre eux rugit :

– Nous avons amené notre part du marché. Montrez-nous la vôtre !

La lourde porte s'entrouvrit lentement, dévoilant les deux otages des insurgés assiégés, entourés d'hommes en armes. De part et d'autre, les soldats s'écartèrent, laissant passer leurs captifs. Les deux rois se croisèrent au milieu du pont et se jaugèrent sans un mot. Igor franchit la porte, qui se referma aussitôt sur lui. Zélina fendit la foule massée devant elle et lui sauta dans les bras :

– Papa !

– Ma fille…

Alors qu'il la faisait tournoyer autour de lui sous les hourras, il avait du mal à maîtriser son émotion.

– Ma fille…, répétait-il, la gorge serrée. Ma fille ! Comment as-tu fait ?

Une larme glissa sur sa joue :

– Je suis si fier de toi !

– GLOIRE À IGOR ! GLOIRE À ZÉLINA ! scanda la foule, galvanisée par le retour de son chef.

Hélas, tout à leur joie de retrouver leur roi, les gardes du castelet d'entrée avaient complètement oublié de remonter le pont-levis…

Harald Barbe-de-Feu

Le triomphe des assiégés fut de courte durée. Harald le Rouge, fou de rage, décida de profiter du pont-levis pour lancer un assaut contre le château. Il envoya sur-le-champ chercher le bélier. Il ne faisait jamais bon vexer un Viking…

– BOUM !

Tout le monde sursauta dans la cour du château.

– BOUM !

La porte finit par céder sous les violents coups

de boutoir. Un détachement de Vikings déferla dans la cour, Harald à sa tête.

– La princesse ! Je veux la princesse vivante ! écumait-il.

Heureusement, les troupes d'Igor se ressaisirent vite. Chacun sauta sur son arme et fonça dans la mêlée. Soutenus par les femmes et les enfants d'Obéron, les soldats résistèrent de façon héroïque.

– Va te mettre à l'abri, ma fille ! cria le roi.

– Non, père, il n'en est pas question… Ma place est ici, à vos côtés !

– Je te l'ordonne !

Bien obligée d'obéir à son père, la princesse commença à se replier vers les appartements royaux. Hélas, Harald avait reconnu la voix de la jeune fille.

– Ah ! Te voilà, démone ! aboya-t-il en se frayant un chemin vers elle à grands coups d'épée et de bouclier.

Prise de panique, Zélina se mit à courir à toute

allure sur ses petites jambes ; cependant l'immense Viking gagnait du terrain. La princesse, affolée, trébucha sur l'un des feux allumés par le peuple d'Obéron. Le foyer vola en éclats, et Zélina s'étala dans la poussière. En deux bonds, Harald fut sur elle :

– Hé, hé, hé… Je te tiens enfin !

Il rengaina son épée.

– Quand Harald Barbe-Rouge s'est choisi une esclave, elle lui appartient pour la vie !

– JAMAIS !

– J'aime les donzelles qui ont du caractère… Que Loki m'en soit témoin, tu seras mienne ! jura-t-il en invoquant le ciel.

Dans un geste désespéré, la jeune fille tendit le bras. Sa main effleura l'une des bûches enflammées qu'elle avait fait valser dans le décor. Au prix d'un effort inouï, elle parvint à refermer ses doigts

dessus. Au même instant, l'homme se pencha pour saisir sa proie.

– JAMAIS ! hurla Zélina en plongeant le tison dans l'épaisse toison rousse qui recouvrait le visage du Viking.

La belle barbe d'Harald le Rouge s'embrasa aussitôt comme un feu de paille. Un cri terrible jaillit du plus profond de ses entrailles :

– RHÂÂÂ… SOIS MAUDITE !

La vision effroyable de leur chef en flammes traversant la cour pour aller se jeter dans les douves tétanisa les soldats d'Harald. L'assaut des Vikings s'en trouva d'un coup totalement désorganisé. Quant aux troupes d'Igor, ce nouveau rebondissement acheva de les galvaniser. Elles ne furent pas longues à chasser les derniers assaillants hors des murs du château.

– Et, ce coup-ci, n'oubliez pas de remonter le pont-levis ! s'égosilla le maréchal de Kérambole.

Les Vikings avaient définitivement perdu la bataille. Même s'ils restaient maîtres de la ville, il était clair qu'ils ne relanceraient pas l'assaut de sitôt ! Soulagés, les assiégés se précipitèrent vers Zélina et la portèrent en triomphe vers son père.

– Je devrais te punir pour ta témérité, ma chérie, la gronda gentiment le vieux souverain. Mais force m'est de reconnaître que, une fois de plus, tu nous as tous sauvés !

Alors que la foule la déposait, Zélina rectifia :

– Je n'ai fait que mon devoir… Et puis, nous ne serons vraiment sauvés que le jour où les Vikings auront quitté Obéron.

Au moment où le roi s'approchait d'elle pour la serrer dans ses bras, Zélina s'agenouilla par terre et prit dans sa main une poignée du sable de la cour. La jeune princesse se releva doucement et brandit un poing décidé vers l'assemblée dépenaillée amassée autour d'elle. Ses beaux yeux d'émeraude brillaient d'un éclat inflexible :

– Je sais au fond de mon cœur que ce jour viendra. Fils et filles de la noble terre de Noordévie, nous sommes tous nés libres, et tous nous le resterons !

Dans la même collection

Auteur : Bruno Muscat. Illustrateur : Philippe Sternis
Couleurs : Franck Gureghian. Illustrations 3D : Mathieu Roussel.
D'après les personnages originaux d'Édith Grattery et Bruno Muscat

3, rue Bayard, 75008 Paris
Princesse Zélina est une marque déposée par Bayard.

Dépôt légal : mars 2006
Loi 49 956 du 16 juillet 1949 sur les publications destinées à la jeunesse

Imprimé par Lesaffre, Belgique